ANCIENNES
FAMILLES MILITAIRES
DU LAONNOIS

LAON
Imprimerie du *Journal de l'Aisne.*
MDCCCIII.

ANCIENNES
FAMILLES MILITAIRES
DU LAONNOIS.

Sceau de Pierre de Chambly.

(Arch. nat. n° 245).

Hommage de l'Auteur

à M.

Tiré à 200 exemplaires

pour l'Auteur.

Nº

Achevé de tirer le 31 Décembre 1902.

AVANT-PROPOS

En 1789, aux Assemblées des Baillages qui préparèrent celle des États-généraux, ce fût mon bisaïeul, le Comte de La-Tour-du-Pin Chambly, de Bosmont, qui présida à la vérification des Pouvoirs comme à la rédaction du *Cahier* de la Noblesse du Vermandois. Il rendit ainsi service en épargnant des lenteurs et des difficultés d'une nature particulièrement délicate.

« Un *bon* de M. de La-Tour-du-Pin, qui s'y connaissait, dit le savant Président Combier (1) valait un passeport de noblesse pour la postérité. »

Je n'ai pas la même autorité et la question n'a plus le même intérêt ; j'ai pensé toutefois qu'en continuant l'œuvre de mon ancêtre par quelques indications sur les mêmes familles, je serais utile à ceux d'entre

(1) Cahiers du Tiers État du Baillage de Laon en 1789, par A. Combier.

IV

mes neveux, ses descendants, qui sont ou seront appelés à vivre dans ce pays Laonnois.

Ils trouveront dans ces notes ce qu'il faut connaître des familles qui ont été longtemps associées à l'existence de celle qu'ils doivent continuer dans le même milieu social.

Pour l'établissement de ces notes, je me serai servi du Procès-verbal de l'assemblée tenue à Laon le 16 mars 1789 et jours suivants, qui donne l'état des familles nobles à cette époque (1). Puis je me reporterai aux procès-verbaux de la Recherche générale de noblesse ouverte par ordre de Louis XIV en 1666 (2), et à l'établissement de l'Armorial général dressé en 1696, par ordre du même Roi. Les Archives départementales me fourniront les traces de l'existence des familles ainsi déterminées pendant cet intervalle de plus d'un siècle, et me donneront même des indications sur les siècles précédents. — Ces trois recueils sont officiels, et je m'interdis d'y rien modifier, mais non de m'aider, en outre de ces sources authentiques, du Nobiliaire de Picardie par Haudicquer, de l'Histoire du

---

(1) *Élections aux États généraux de 1789*, par Édouard Fleury.
(2) *Nobiliaire du Soissonnais ou Recueil des jugements de Noblesse*, par Lainé.

Diocèse de Laon par Dom Lelong, du Dictionnaire historique de Melleville ; ce sont trois publications d'histoire locale, d'un mérite inégal mais certain, à la suite desquelles il ne reste plus grand chose à glaner dans les ouvrages classiques de La Chesnaye des Bois, Saint-Allais, Laisné etc., lorsqu'on se propose de s'en tenir uniquement aux familles du Laonnois, et particulièrement à celles d'entre elles qui sont encore continuées aujourd'hui dans ce pays (1).

Quant au rang dans lequel ces notices seront disposées, il est celui dans lequel les noms des familles sont venus sous la plume de M. de La-Tour-du-Pin, lors de sa belle protestation de 1790 (2) contre l'abolition de l'Ordre, dont il avait été le porte-parole et on peut dire l'inspirateur et le chef de file, l'année précédente. Ensuite viendront les familles alliées à celles-ci, sans autre rang que celui

---

(1) Vu également, à la Bibliothèque nationale les cahiers recueillis par Dom Grenier sur la Noblesse du Vermandois, et à la Bibliothèque de Laon le *Nobiliaire* également manuscrit de M. de Flavigny.

(2) Voir, outre les ouvrages précités de MM. Combier et Fleury : la Noblesse du département de l'Aisne pendant la Révolution, — Bulletin de la Société Académique de Laon, Tome XVIII, 1870, pages 16 et suivantes.

dans lequel la poursuite du travail les aura amenées.

Bien des familles notables, dont les noms figurent aux registres précités de d'Hozier et sont encore portés honorablement dans le pays, où elles n'ont cessé depuis alors d'exercer une influence sociale, seront aussi mentionnées pour correspondre à notre dessein d'utilité, sans pour cela devoir être l'objet de notices séparées, faute de rentrer entièrement dans le cadre que je me suis tracé.

Ce n'est en effet pas un nobiliaire, même partiel, que j'ai la pensée de fournir, mais une étude sociale sur des familles professionnelles dont l'espèce disparaît rapidement. Le souvenir ne s'en effaçant guères moins vite, il m'a semblé que c'était acte pieux de le fixer par les traits que j'ai pû personnellement fournir de mémoire, pour en avoir connu les derniers représentants.

Je me rappelle encore plusieurs de ces vieux émigrés qui venaient chez mes grands parents, contemporains eux-mêmes de la Révolution, et je ressens encore le respect que m'inspiraient leurs tribulations passées et les sentiments qu'ils en avaient rapportés.

Parvenu à mon tour à l'âge où l'on ne peut plus guères servir autrement qu'en sauvant de l'oubli ce qui mérite d'être conservé en honneur, j'y emploie volontiers le peu qui me reste de mémoire et de loisir, en songeant à ceux pour qui j'écris et qui me rendront peut être un jour le même office.

Arrancy, en la fête de Noël 1902.

R. DE LA-TOUR-DU-PIN CHAMBLY,
Marquis de LA CHARCE,
Lieutenant-Colonel de Réserve
et en Retraite.

État des Familles nobles d'origine militaire

dont notice suit :

Fay.
Miremont.
Flavigny.
Macquerel.
Béthune.
Proisy.
Signier.
Villelongue.
de Noue.
des Fossez.
de Y.
Novion.
Hédouville.
Saint-Léger.
Hennezel.
de Sars.
Lespinay.
Nazelle.
du Glas.
Chambly.

FAY

Noblesse chevaleresque représentée en 1789 par Messieurs : 1° Jean-Louis-Michel de Fay, Seigneur en partie de Renneval et Soise, Capitaine au Régiment de Royal-Marine ; — 2° Louis de Fay d'Athies, ancien Capitaine de Hussards, Chevalier, Seigneur en partie de Soise ; — 3° François-Étienne de Fay d'Athies, ancien Brigadier de la 1re compagnie des Gardes de Corps, Seigneur en partie de Soize ; — 4° Charles - François - Armand de Fay, Seigneur de Puisieux ; — enfin 5° Louis-Marie-Joseph de Fay, Seigneur de Quincy-Basse (Baillage de Coucy).

Toutes ces Seigneuries, sauf la dernière, étaient sises en Thiérache, où la descendance commune des Seigneurs de Fay en Santerre et de ceux d'Athies en Vermandois avait succédé par héritage aux fiefs de la famille de Blois et produit diverses branches : celle des Seigneurs de Puisieux, de ceux de Marfontaine, de ceux de Soize, de Bray, de Goudelancourt, de Cilly et de La Neuville-Bosmont. Ces branches avaient été maintenues dans leur noblesse à la Recherche de 1667, comme ayant prouvé sept races depuis 1478.

Les armes de Fay sont pour toutes les branches enregistrées à l'Armorial Général : *d'argent semé de fleurs de lys de sable.* Une tradition de famille les fait remonter à un octroi de Philippe-Auguste, à la suite de la bataille de Bouvines, où le premier auteur connu était un des Chevaliers du Comte de Nesle, dont relevait le fief de Fay. — Au commencement du XVe siècle ces armes furent accolées de celles d'Athies (1) ; ou encore écartelées de Moreuil (2), sur le tout d'Athies.

Le nom de Fay d'Athies, qui devint commun à toutes ces branches, est celui de quantité de chevaliers et d'officiers des armées royales, parmi lesquels un Lieutenant général, le Marquis de Cilly. Aussi l'on n'est pas surpris de trouver dans leurs alliances, outre les précédentes, le sang des Coucy-Vervins, Machaut, Warluzel, Ambly, Créquy, Proisy, la Bôve, Estourmel, Sacquespée, de Noue,

---

(1) Athies : d'azur à trois fasces d'argent et une bande de gueules brochant sur le tout.
(2) Moreuil : de sable semé de fleurs de lys d'or à une tête de lion arrachée du même.

Béthune. Ces alliances facilitèrent l'accès de l'Ordre de Saint-Jean de Jérusalem, tant à Rhodes qu'à Malte, à nombre de leurs descendants. On ne peut rien voir de plus éclatant que la noblesse de cette maison, qui disparut presque entièrement dans la tourmente révolutionnaire.

Elle n'est plus représentée aujourd'hui que par les rejetons d'une branche cadette, venue des Seigneurs d'Offémont en Santerre, fieffée ensuite à Quincy-Basse, puis fixée de nos jours à Missy-les-Pierrepont. Cette branche, qui porte pleines les armes primitives de la maison, a fourni également des preuves pour l'Ordre de Malte au XVIIIe siècle ; au siècle suivant, des liens de famille l'ayant unie à l'une de celles qui sont à la tête de la culture du Laonnois, elle y continue avec le nom la tradition d'une manière des plus honorables.

Il ne faut pas confondre avec cette famille celle du seigneur de Fay-les-Pierrepont en 1789, qui avait possédé antérieurement Missy et était de la famille d'Y.

MIREMONT

Noblesse chevaleresque, habituée en Champagne par le mariage d'Antoine de Miremont, Chevalier du Comté d'Auvergne, avec Jeanne d'Anglures, Dame de Quatre-champs au Comté de Grand-Pré, en 1369 ; et en Laonnois par celui de Claude son petit-fils avec Marguerite de Tilloy, fille de Marie d'Escannevelles, Dame de Berrieux en 1440.

Elle était représentée, en 1789, à l'assemblée du bailliage de Vermandois, par MM. le marquis de Miremont (Alph.-Cés.-Emm.-François), Chevalier, Seigneur de Berrieux ; — le Comte de Miremont (Th.-Exupert-François), Baron de Montaigu, Seigneur de Coucy-lès-Eppes ; — le Comte de Miremont (J.-F.-C.-Alphonse), Chevalier, Capitaine au Régiment de chasseurs du Languedoc, Seigneur de Berrieux, demeurant au château de Belval.

Les preuves de cette famille avaient été faites en 1667 par Philippe de Miremont, Seigneur de Berrieux (élection de Laon) produisant les titres de six races, depuis 1481. Elles étaient fournies au même temps en Champagne par François de Miremont, Seigneur de Saint-Étienne sur Suippe (élection de Reims).

Les armoiries de la famille avaient été enregistrées en 1698 simultanément pour Alphonse de Miremont, Chevalier, Seigneur de Berrieux, et pour Alexandre de Miremont, Chevalier, Seigneur de Berrieux en partie, Belval, Goudelancourt, Aizelles, Montaigu, etc., Chevalier de Saint-Louis, ainsi qu'il suit :

D'azur à un pal d'argent fretté de sable accosté de deux fers de lance d'argent à la bouterolle d'or.

Cette famille a produit au XVIIe siècle un Grand Hospitalier de Malte. Elle a toujours servi dans les armes et contracté alliance avec les familles chevaleresques du pays : Aspremont, Bossut, Saint-Blaize, Fay-d'Athies. Elle acquit par ses alliances de grands biens, et maintint un rang élevé jusqu'à son extinction dans la personne du Comte Alphonse de Miremont, précité, qui fût député par la Noblesse du Vermandois aux États-généraux, mais y siégea peu de temps. Son château de Belval passa à sa fille la Comtesse de Montangon, dont la petite-fille, Madame Arthur de Guillebon l'habite actuellement. Les aînés de la famille de Bertoult d'Hautecloque appartiennent aussi à la descendance des Seigneurs de Berrieux.

Le nom de Miremont a été porté avec distinction, dans les salons lettrés de la fin du XVIIIe siècle, par la châtelaine de Coucy-lès-Eppes (1), qui a laissé des mémoires satiriques inédits, conservés dans les belles archives de la famille au château de Belval.

---

(1) Madeleine d'Aubourg.

FLAVIGNY

Noblesse de race, qui était représentée au baillage de Vermandois en 1789 par MM. le Marquis de Flavigny, Seigneur de Maucreux, Vicomte de Monampteuil ; — le Comte de Flavigny, Colonel d'infanterie, Seigneur de Charmes, — et son frère, Lieutenant-colonel d'infanterie, Lieutenant aux Gardes françaises; — et André de Flavigny, Seigneur de Chambry.

Cette famille qui apparut dès le XIVe siècle dans la seigneurie de Chigny-en-Thiérache, avait fait ses preuves en 1667 et 1668 dans trois branches :

I. celle des Seigneurs de Ribauville, Vicomtes de Renansart et de Monampteuil, pour huit degrés depuis 1447 ;

II. celle des Seigneurs de Liez et de Charmes, pour quatre degrés depuis 1510 ;

III. celle des Seigneurs d'Épuisart, Malaise et Chambry, depuis 1586 seulement.

La Ire branche fit enregistrer à l'Armorial général, les armes pleines : « *échiqueté d'argent et d'azur* ». La IIe brisa dès lors d'un *écusson de gueules sur le tout.* La IIIe brisa celles-ci d'un *orle de sable.*

Dans toutes ces branches, dont la dernière provenait d'un Conseiller au présidial de Laon et la Ire remontait à un Chevalier du roi Charles VI, on servit dans les armes avec honneur et on contracta alliance avec les principales familles du pays, telles que Blois, Fay d'Athies, Hédouville, etc., — Balthazar de Flavigny, de ceux de Chambry, fut Gouverneur de Nesle pour le Roi contre la Ligue et périt au siège de Rouen. Des députés aux États-généraux de 1588 et de 1614, des officiers généraux, des chevaliers de Malte produits par cette famille au XVIIIe siècle, la mettaient à un rang élevé dans la Noblesse du Laonnois, dont l'assemblée s'ouvrit le 17 mars 1789 sous la présidence du Marquis de Flavigny, son doyen d'âge.

Depuis la Révolution cette famille fut appelée à la Pairie, dans une branche établie en Touraine, qui s'est alliée aux Montesquiou-Fezensac en la personne de la Comtesse de Flavigny, de pieuse mémoire.

La branche de Chambry s'est éteinte en la personne du Comte de Flavigny, mort en 1850 sans enfants et dans un âge très avancé, à Laon dont il avait été Maire ; son frère, le

Baron de Flavigny était mort dès 1816, chez son gendre M. de Hédouville, à Bourguignon. Un troisième frère avait péri en Vendée; leur sœur épousa le Marquis de Roquefeuil, dont la descendance vendit les biens de Chambry.

MM. de Flavigny ont marqué tout particulièrement dans la région laonnoise par un attachement à la cause royale qui brisa leurs carrières et contribua à leur disparition.

Le Vicomte de Flavigny, Lieutenant-colonel d'infanterie, périt à 31 ans sur l'échafaud avec sa sœur, la Comtesse des Vieux.

Les autres émigrèrent et plusieurs moururent ainsi en exil. On voit encore à Parme le monument funèbre du Comte de Flavigny-Renansart, qui y avait vécu comme représentant de la Cour de France près d'une Cour de la même Maison. Il était Lieutenant-général et Cordon rouge de Saint-Louis.

MACQUEREL

Noblesse ancienne, représentée à l'assemblée du Baillage de Vermandois en 1789 par M. de Macquerel de Quesmy, Chevalier de Saint-Louis, qui en fut Commissaire à la vérification des Pouvoirs ; — et par M. de Macquerel de Pleine-Selve.

Elle s'était en effet partagée en deux branches qu'on distinguait ainsi par leurs qualifications seigneuriales, à la suite du mariage de Louis de Macquerel, Chevalier, Seigneur de Montbrehain et de Quesmy, avec Anne Bachelier d'Yanville, qui lui apporta les Seigneuries de Pleine-Selve et de Parpeville vers 1660.

Louis de Macquerel susdit avait produit à l'enquête de 1666 les titres de six races depuis 1480. On dit que la noblesse de cette famille remontait à un Thomas Macquerel anobli en 1397.

Depuis lors elle servit dans les armes et s'allia noblement, aux Biencourt, la Chaussée, Chauvenet, du Sart, Fay, etc...

Les Macquerel blasonnaient : *d'azur à trois*

maquereaux d'or couronnés de gueules, posés en pal.

Charles-François-Louis de Macquerel, Capitaine au Régiment de Brie, Chevalier de Saint-Louis, Seigneur de Quesmy, fut Député de la Noblesse du Vermandois aux États-généraux de 1789. Il est un de ceux à qui leur silence est reproché par M. de La-Tour-du-Pin dans sa protestation de 1790 contre l'abolition des honneurs de la Noblesse. Il ne laissa qu'une fille, mariée, à Noyon, à G. du Passage de Caillouel, Garde du Corps du Roi.

La branche de Pleine-Selve s'éteignit, vers la même époque, dans les familles de La Panouse, d'Y de Résigny, Le Carlier de Colligis, de Chauvenet et de La Noue.

BÉTHUNE

Cette Maison féodale, issue des premiers Comtes d'Artois et dont fut le Duc de Sully, figurait dans la Noblesse du Baillage de Vermandois par deux mariages : celui du Marquis Maximilien de Béthune Hesdigneul avec Madeleine de Fay d'Athies, fille du Comte de Cilly, en 1748 ; et celui de François-Joseph de Béthune, Duc de Charost, avec Marthe-Élisabeth de La Rochefoucauld, Dame de Roucy, en 1735.

Furent assignés en conséquence à l'assemblée de 1789 et s'y firent représenter : MM. le Prince Eugène de Béthune Hesdigneul, Seigneur de Sissonne et lieux d'alentour, y demeurant ; — le Marquis de Béthune, Seigneur de La Neuville-Bosmont, y demeurant ; — le Duc de Charost, Seigneur de Lappion, La Selve, Grandlup, Aulnois, Loizy, Nizy-le-Comte, La Ville-aux-Bois, Machecourt, Chivre et autres paroisses de sa Baronnie de Pierrepont.

Les armes de Béthune sont *d'argent à une*

fasce de gueules ; — Charost brise d'un *lambel*, et Hesdigneul, au 1ᵉʳ quartier, d'un écu de Saveuse *(de gueules à la bande d'or accompagnée de six billettes du même)*. Ces armes ont été enregistrées principalement dans la Province d'Artois. — Un régent du royaume d'Écosse, un maréchal de France, deux grands maîtres de l'artillerie, nombre de lieutenant-généraux, plusieurs colonels tués à la tête de leur régiment, ont jeté sur cette maison un éclat non moindre que celui de sa haute origine.

Le Duc de Charost était en même temps Comte de Roucy : c'était en 1789 un grand seigneur philanthrope, comme on disait alors. La terre de Roucy passa par héritage, au siècle dernier, des Charost aux Sainte-Aldegonde et de ceux-ci aux d'Imécourt, sans avoir jamais été vendue. Les archives qui sont conservées au château remontent à Charles le Gros, et la fondation à l'an 948, d'après Dom Lelong dans son histoire du Diocèse de Laon.

Quant au château de Sissonne, qui venait également des Roucy mais avait été aliéné en 1706 par César de Roucy, il fût reconstruit par l'acheteur et revendu au Prince de Béthune, puis confisqué et détruit à la Révolution.

L'autre rameau des Comtes de Roucy, qui résidait à Origny-en-Thiérache, s'éteignit aux mêmes temps que celui de Sissonne, sans non plus s'y assurer une continuité de famille, soit que ces grands biens eussent été dissipés, soit que ces derniers Seigneurs ne reconnussent pas pour leur une famille plus modeste, qui porte aujourd'hui le nom et les armes de cette illustre Maison de Roucy (1).

La Maison de Béthune, au contraire, est toujours florissante en Artois et en Picardie par de nombreux rameaux.

(1) Une branche, dite du Bois de Manre, détachée dès le XIVe siècle de la souche primitive des Comtes de Roucy, se continua en Champagne jusqu'au siècle dernier, où elle s'éteignit en la personne du Comte Ebles de Roucy, Colonel du 34e de ligne, démissionnaire en 1830.

PROISY

Noblesse de race représentée à l'assemblée de 1789, par M. Hyacinthe-Rosalie-David de Proisy, Capitaine au Régiment de Picardie-cavalerie, Baron d'Eppes, y demeurant. Elle tirait son nom de la Seigneurie de Proisy-sur-Oise, en Thiérache, et son origine de la chevalerie de Picardie, dans laquelle elle avait servi avec éclat pendant la guerre de cent ans. Elle apparut dans le Laonnois par le mariage de Léon de Proisy avec l'héritière de la Baronnie de La Bôve (1) et y occupa les châtellenies de Neuville, d'Eppes, de Mauregny, en même temps que la branche aînée avait conservé ses domaines en Thiérache, Marfontaine, etc...

Les chefs de ces branches produisirent à la recherche de 1667 des titres de six races depuis l'an 1502, justifiant la qualité de Chevalier à chaque degré. Ils s'y montraient issus de Jean, Seigneur de Proisy, Chevalier, qui servait avec sa compagnie en 1372 sous messire Hüe de Châtillon, Maître des Arbalé-

---

(1) Vers 1495.

triers de France et Capitaine général pour le Roi de tout le pays de Picardie. Un autre Jean, petit-fils du précédent, s'illustra par une défense opiniâtre de Guise contre le Comte de Luxembourg et périt la même année à la bataille de Verneuil. Depuis lors les Proisy ne cessèrent de s'illustrer dans les armes. Léon, cité plus haut, fût tué à la bataille de Marignan. Son petit-neveu François, grand bailly du Vermandois pour le Roi, eut pour successeur son fils, qui fut assiégé et forcé dans son château de Neuville par les Ligueurs de Laon.

Cette famille, considérable par son renom, ses alliances et ses biens aux temps que nous rapportons, était représentée au siècle suivant par le Marquis de Marfontaine, le Châtelain d'Eppes et le Seigneur de Mauregny qui firent enregistrer leurs armes en 1698, ainsi : *« de sable à trois lions d'argent lampassés et armés de gueules. »* On les voit encore reproduites sur de remarquables pierres tombales provenant de l'abbaye de Vauclerc et recueillies en la chapelle seigneuriale de l'église d'Arrancy, à côté de celles des Du Glas, avec qui il y eut alliance.

Les domaines de cette puissante maison échurent par héritage, à la fin de l'Ancien

Régime, aux Noailles et aux Belsunce. Il n'en resta plus alors que la branche d'Eppes, qui s'éteignit elle-même en la personne de César de Proisy, Baron d'Eppes ; lequel ne pouvant rentrer au retour de l'émigration que dans le peu qui restait de son château d'Eppes et de ses domaines, émigra de nouveau et mourut en Amérique. Il avait été, dit Melleville, un littérateur fécond et distingué. Ce dernier rejeton d'une race militaire illustre finit ainsi dans l'exil comme dans la pauvreté.

SIGNIER

Ancienne noblesse provençale, originaire d'Italie, qui parut dans le Laonnois en la personne de Pierre de Signier, Gentilhomme du Duc d'Anjou, frère du Roi Henri III, appelé au gouvernement d'Oisy-en-Thiérache, puis de Marle, par la confiance de Montluc-Balagny, dont il était un des principaux Lieutenants. Il épousa en 1588, Marie Le Clerc et en eut la seigneurie de Rogny-en-Thiérache, qui resta jusqu'à la Révolution dans la Maison de Signier.

Elle était représentée à l'assemblée de 1789 par M. Gr.-Fr.-Alexandre de Signier, reçu de minorité à Malte, mais marié depuis à la Dame d'Erlon.

Il descendait au Ve degré de Pierre-Alexandre de Signier, Maréchal de camp, fils du précédent, et comme lui Gouverneur de Marle, où il fut forcé par les Espagnols en 1650. Son fils fut reçu Page dans la Grande-Écurie, étant né à Marle de Catherine Arnould de la Salle, dont il eut les seigneuries de Lugny, Marcy et Houry, en Thiérache.

Les alliances suivantes sont avec les Chevalier de Buserolles, Récourt, d'Arras, qui apportèrent à cette maison les biens dont donation fut faite à la ville de Laon par les fils d'Alexandre précité, en qui la famille s'éteignit dans la première moitié du XIXe siècle, laissant son nom à une rue de la ville.

Jean-Baptiste et Claude de Signier, Chevaliers, avaient fait enregistrer leurs armes en 1698 ainsi : *de gueules à six têtes d'aigle arrachées et couronnées d'or*.

On les voyait dans le château de Chaillevet, qui fut, avec Laon, la dernière résidence de MM. de Signier, que je me rappelle personnellement avoir connus.

VILLELONGUE

Noblesse militaire établie en Thiérache, représentée aux assemblées de 1789 par M. François-Louis de Villelongue, Chevalier de Saint-Louis, ancien Capitaine au Régiment de Picardie, Seigneur de Vigneux en partie. Son frère aîné, Seigneur de Vigneux, étant défaillant, ainsi que M. de Villelongue de Brocourt au baillage de Guise.

Cette famille avait produit à la réforme de 1667 des titres de cinq races depuis 1533, en la personne de Claude de Villelongue, Seigneur de Roupré, demeurant à Brunehamel, élection de Laon. Ses autres membres avaient fait pareille production en Champagne.

Ses armes furent enregistrées en 1697 pour Nicolas, Seigneur de Vigneux, Écuyer : *d'azur à deux gerbes de bled d'or, écartelé d'argent à un loup de sable* ; à la même époque elles furent enregistrées pour Garlache de Villelongue, Bailly d'épée du Rethelois, et pour Roberte d'Ambly, sa femme : *d'or à un loup passant de sable, écartelé d'azur à une gerbe d'or.*

La branche de Vigneux a été illustrée par le Général au service de Suède, N. de Villelongue, Comte de Lacerda, mort en 1746.

Les Villelongue étaient de cette noblesse plus attachée à l'honneur qu'aux biens, qui faisait la force de nos armées sous l'Ancien Régime. Sans parler de Jean-Jacques de Villelongue, nommé Bailli d'épée des Comtés de Marle et de La Fère en 1685, ni de Jean, Chevalier des Ordres du Roi, Gouverneur de Villefranche, nos fastes militaires relatent un autre Jean-Jacques, dit le Comte de Poix, d'abord Chevalier de Malte, puis Capitaine de carabiniers, tué au combat de Luzzara en 1702 ; — Charles-Antoine, son frère, tué à la bataille d'Hochstœdt en 1704 ; — un autre Villelongue, Major du Régiment de Henrichemont-cavalerie, blessé à la bataille de Todtenhausen en 1759, et Charles-Abraham, Garde du Corps, puis Capitaine aux Invalides en 1785. Tandis que pendant la même période Pierre, Robert-Louis, Jean-Baptiste-Nicolas, Charles-Antoine sollicitent leur admission aux Écoles militaires, étant trop pauvres pour y payer pension et trop fiers pour chercher fortune dans un autre métier.

Les Villelongue recherchaient de même leurs alliances dans d'autres familles militaires, les Fay, Pétré, Duglas, Flavigny de Chambry, etc... Ils fournissaient aussi des hommes d'Église, dont un Abbé de Bucilly en 1643.

Famille essentiellement terrienne, elle s'associe au mouvement social d'où naquirent les Sociétés d'agriculture dans la seconde moitié du XVIIIe siècle ; elle s'est perpétuée jusqu'à nos jours sur le même sol de la Thiérache dans des charges locales, le notariat, etc...

DE NOUE

Noblesse de race établie en Valois, en Champagne et en Laonnois, où elle avait produit en 1666 les titres de dix races datant de l'an 1305, depuis Guillaume de Noue, Chevalier, Seigneur de Noue en Valois, Conseiller et Maître d'hostel du Roy. — Le produisant était Nicolas, Seigneur de Villers-en-Prayères. Cette seigneurie fut depuis 1539 et pendant trois siècles le foyer de la famille, d'où sortirent pendant ce temps des Chevaliers de Malte, un des cent Gentilshommes de la Chambre du Roi, un Mestre de camp de cavalerie, un Brigadier et un Lieutenant général des Armées du Roi, Seigneurs de Brissay, de Viry-Noureuil, de Guignicourt, etc... — Le Comte de Noue siégea à l'assemblée provinciale du Soissonnais en 1787.

L'armorial général de 1697 avait enregistré les armes de François de Noue, Chevalier, Seigneur de Brissay, et de Jean de Noue, Escuyer, ainsi qu'il suit : *échiqueté d'argent et d'azur au chef d'or.* Celles de Jean-François, et de Joseph, Escuyers, Seigneurs de Villers-en-Prayères, ne portaient pas *ce chef* ; il était *de gueules* pour Charles et pour Jean de Noue, Écuyers.

Leurs alliances étaient avec les Bezannes, Ronty, d'Argy et autres familles militaires. Il en naquit nombre d'officiers de valeur, qui payèrent largement l'impôt du sang pendant les guerres de Louis XIV et de Louis XV et en furent récompensés par la croix de chevalier de Saint-Louis, dont un Cordon rouge.

Mais tandis que la carrière des armes semble faire défaut depuis la Révolution à tant de familles qui n'en connaissaient pas d'autre, celle-ci a eu la fortune de continuer à s'y illustrer. Elle a fourni sous le second Empire deux Généraux de division, le Comte Léon et son cousin le Vicomte Armand de Noue, et de nos jours encore un Général d'artillerie et un Colonel de cavalerie. On peut ainsi dire des de Noue qu'ils sont restés une famille de soldats.

DES FOSSEZ

Cette très ancienne famille chevaleresque du Valois, au dire de Saint-Allais et de La Chesnaye des Bois, s'est divisée en plusieurs branches en Picardie et alliée aux familles les plus distinguées de cette province, telles que : Fay, Chambly, Sons, Châtillon, Monceaux, Crécy, Maquerel, Harzillemont en Champagne.

Celle de ces branches qui appartient au Laonnois fournit des Gouverneurs de Ribemont et s'y illustra par des services de guerre qui coûtèrent la vie à l'un d'eux, fils de Marguerite de Chambly ; services auxquels l'occasion de se produire ne manqua pas dans cette place frontière. L'on trouve, dès 1413, un Philippe (ou Pierre) des Fossez, Seigneur de Chouy, mis par mariage en possession de la Seigneurie de Sissy, qui resta pendant deux cents ans dans sa descendance. On y voit encore une belle pierre tombale de la famille, qui porte la date de 1505 (1).

Lors de la recherche de 1666, les produisants de ce nom sont nombreux. Le Seigneur de Vaux fait des preuves de noblesse depuis 1486; ceux de Coyolles pour huit races depuis 1413. Jean des Fossez est reçu de Malte en 1518.

Les enregistrements à l'Armorial général de 1696 ne sont pas moins nombreux, de la part des Seigneurs de Jouaignes, de la Tour du Grand Rouy, et des Marchais en Valois. Ils s'accordent tous ainsi : *d'or à deux lions de gueules adossés en sautoir et leurs queues passées en double sautoir.*

La famille était représentée aux assemblées de 1789 par Charles-Jean-Louis, Chevalier, Seigneur du Faux, dit le Vicomte des Fossez, et par Henri-Charles-Antoine, dit le Chevalier des Fossez.

Le Vicomte fut nommé premier Député de la Noblesse du Vermandois aux États-généraux. Il ne joua, dit Ed. Fleury, qu'un rôle effacé à la Constituante, mais n'en fut pas moins dénoncé, traqué comme contre-révo-

---

(1) Voir Bulletin de la Société Académique de Laon. Tome XIII. 1863.

lutionnaire par ses compatriotes de Coucy-le-Château, et n'échappa pas, après de longues péripéties, à l'échafaud, non plus que sa femme. Une de ses filles « qui fut, dit-on, une des plus belles femmes de son temps, fut mariée au Général Dulaulois, qui en 1813 et 1814 commandait l'artillerie de la Grande Armée et se retira à Villeneuve, près Soissons. Elle y vécut jusqu'en 1861 ».

D'Y ou DE Y

La famille d'Y ou de Y, ainsi nommée d'un lieudit au bord de la Somme, apparaît d'abord dans la charge de Mayeur de la Ville de Saint-Quentin. Elle figure aux assemblées du baillage de Vermandois en 1789, en la personne de Marie-Louis-Étienne d'Y, Chevalier, Seigneur de Résigny, et en celle de Pierre-Louis d'Y de Fay, Chevalier, Seigneur de Missy-lès-Pierrepont. Elle avait produit des titres de cinq races depuis 1509 par les soins d'Eustache de Y, Seigneur de Seboncourt, en 1666 ; lors de la recherche de 1696, le même fit enregistrer ses armes *d'azur à trois chevrons d'or*.

Ses principales illustrations sont un Pannetier du Roi en 1450, Antoine d'Y, Seigneur de Faucoucourt ; un Lieutenant général à Laon en 1556, Michel de Y, Écuyer, Seigneur de Daillon ; un Procureur du Roi au baillage de Saint-Quentin en 1650, Seigneur de Longchamps ; un Intendant du Berry en 1680, Seigneur de Seraucourt ; sans parler d'un

Archidiacre de Reims protonotaire du Saint Siège et de nombre d'officiers, tant des Gardes de Corps du Roi que des Régiments d'infanterie Bourbon, Chartres, Orléans, et des Gardes françaises, particulièrement dans la branche de la famille dite de Nouvion le Comte ; un d'eux fut tué au siège de Laon en 1594, un autre au siège d'Ypres en 1678. La branche de Missy y fut amenée en 1691 par le mariage de Louis d'Y, Écuyer, Seigneur de Seboncourt, avec Louise de Mérelessart, Dame du lieu, en qui finissait une famille qui avait marqué dans la noblesse du pays lors des guerres de la Ligue.

Les autres alliances des d'Y, qui les classent à un bon rang dans cette noblesse, sont avec les La Fons, Lespagnol, Aspremont, de Rogres, Macquerel, Lespinay, Witasse, Lignières, du Châtelet, etc...

Les d'Y étaient déjà près de finir en quenouille lors des derniers États, où l'on voit trois filles de leur maison se faire représenter. Mais ils n'en ont pas moins laissé une descendance répandue entre de nombreuses familles actuelles ou récemment disparues du Laonnois. Ainsi du mariage en 1753 de Jean-Charles-Louis d'Y de Résigny avec Nicole-Élisabeth-Claude Rillart de Verneuil, proviennent les Lespinay de Cerny, les Charpentier de Beauvillé, les du Fayot de la Maisonneuve, etc...

NOVION

Famille de noblesse militaire, originaire de Champagne où elle fit ses preuves en 1667, et gagna ensuite le Soissonnais, où François de Novion, Seigneur de Vez-sur-Vesle, fit enregistrer ses armes en 1696 à l'Armorial général : *d'azur à une bande d'or, accompagnée de trois colombes d'argent.*

Elles étaient enregistrées simultanément en Champagne pour les Seigneurs de La Motte, de La Fauconnerie et de La Hazette. On leur voit aussi à cette époque la seigneurie de Guignicourt.

Cette famille appartenait à la noblesse pauvre et vaillante, qui ne sollicitait d'autres faveurs pour ses enfants que l'admission aux Écoles militaires. Ses principales alliances sont avec les Levasseur, Loyauté, Bussy, Dujon, Le Prestre, etc...

Elle devait être représentée à l'assemblée du baillage de Vermandois en 1789, par M. François-Victor de Novion, Seigneur de Vez et de Vincy, ancien Capitaine de Grenadiers royaux, qui donna procuration au suivant : le Chevalier de Novion, Jean-Victor, Capitaine au Régiment de Vermandois; celui-ci fut élu comme Suppléant à la députation de la Noblesse et remplaça en effet à la Constituante le Comte de Miremont démissionnaire, siégea à droite, émigra en 1792, prit du service en Portugal, et en rentra avec Junot en France, où il paraît avoir pris sous la Restauration le titre de Comte et reçu le brevet de Maréchal de camp.

Il a laissé deux fils.

HÉDOUVILLE

Noblesse chevaleresque, représentée en 1789 par MM. Théod.-M.-César-François de Hédouville, Chevalier, Capitaine d'Invalides, Chevalier de Saint-Louis ; — César-M.-Ant.-Charles de Hédouville, Chevalier, ancien Garde de Corps du Roi, Capitaine de cavalerie, Chevalier de Saint-Louis ; — François-Jérôme de Hédouville, Chevalier, Seigneur en partie de Merval.

Elle avait produit ses titres en 1669, depuis 1553, par les soins de Théodore de Hédouville, Seigneur de Révillon, pour lui et ses frères de la Généralité de Châlons.

Le même et son frère René, Seigneur de Serval, Lieutenant des Maréchaux de France au bailliage de Marle, avaient fait enregistrer en 1696 leurs armes suivantes : *d'or au chef d'azur chargé d'un lion passant d'argent.*

Cette famille, célèbre dans les fastes de la noblesse de l'Ile-de-France par le tournois dit « Pas de Sandricourt », qu'elle soutint dans sa terre de ce nom, près Chambly, avait produit deux Chevaliers croisés et plusieurs Chevaliers de Malte, et était au faite de sa renommée, lorsqu'au commencement du XVIe siècle elle parut dans la région en possession de la seigneurie de Glennes, puis bientôt, par mariage, de celles de Merval, de Révillon et de Serval, dans la première desquelles elle se maintint jusqu'à la Révolution. Elle s'allia aux familles de Rouvroy St-Simon, de Creil, de Chambly, de Flavigny, de La Mer, de Fariaux, et produisit nombre d'hommes de guerre, dont un Lieutenant général. L'un des plus marquants fut Louis d'Hédouville, Maître d'hostel du Roi, qu'il avait méconnu dans les premiers temps de la Ligue, mais servit ensuite si vaillamment dans notre contrée, qu'il pût choisir pour épitaphe ces mots : « en fidélité j'ai fini ma vie ».

Comme la plupart des familles militaires, celle-ci s'était appauvrie en même temps que multipliée sous l'Ancien Régime, ainsi qu'on le voit dans ses recours pour l'admission aux écoles militaires. La Révolution y trouva d'autant plus de gens d'épée prompts à lui barrer la route : les deux frères qui avaient paru à l'Assemblée de la Noblesse s'engagèrent dans l'Armée de Condé et finirent en Religion, après une vie bien traversée ; un troisième, retenu aux Armées de la République, n'y renia néanmoins pas son sang, et mérita, peut-être mieux que Hoche (qu'il avait remplacé comme Général de Division commandant en chef l'Armée de l'Ouest), le titre de pacificateur de la Vendée. Aussi la Restauration, qui le trouva Sénateur et Comte de l'Empire, l'appela-t-elle à la Pairie.

Le nom de Hédouville, un des plus connus de la région Laonnoise, est encore porté par de nombreux représentants, — plusieurs sont d'Église,— tant dans la branche aînée, dite de Chantilly, qui s'éteint en l'un d'eux, après de brillantes alliances, que dans celle des Vicomtes de Merval, dont le vénérable chef est mort récemment à Noyon à l'âge de 93 ans. Il a laissé deux fils, l'un ancien volontaire aux zouaves pontificaux, faisant souche à Craonne ; l'autre, demeurant à Saint-Julien-Royaucourt, est un des gentilshommes les plus instruits de l'histoire de leur propre famille, bien qu'elle en soit au XXIIIe degré d'une filiation authentique.

Sᵀ-LÉGER

Famille militaire dont on ne saurait rapporter les titres d'origine, mais dont les représentants furent cités aux Assemblées de 1789, en la personne de Jean-Baptiste de St-Léger, Capitaine au Régiment de Soissons, Chevalier de Saint-Louis, Lieutenant des Maréchaux de France à Laon, Seigneur de Vorges ; et en celle de son frère qui était à la même époque Chanoine de Laon et fut cité de ce chef à l'Assemblée du Clergé.

Ils blasonnaient : *d'azur à deux épées d'argent posées en sautoir, garnies d'or, accompagnées d'un soleil du même*, et étaient fils d'Étienne, Écuyer, Seigneur d'Amberval, Monthieu, Vorges, Trésorier extraordinaire des guerres, né en 1684, mort en 1759, qui avait épousé en 1716 Florimonde Bellotte, fille d'un Lieutenant criminel à Laon et Dame de Vorges.

Ils remontaient à un Gouverneur de Maubert-Fontaine au temps des Guerres de Religion, dont toute la descendance aurait servi et en partie même péri dans les armes. Les privilèges de noblesse furent réclamés en 1734 par Etienne susdit, comme fils d'un Conseiller-Secrétaire du Roi, mort en charge et qualifié d'Écuyer ; puis les preuves faites pour l'École de Brienne en 1781 ; la famille continua à servir en émigration, puis sous le premier Empire et depuis. Elle a quitté le Laonnois, mais l'intéresse encore par ses alliances avec les Rillart d'une part et avec les Hennezel d'autre part. Ceux-ci tiennent leur établissement à Vorges de cette alliance, dont l'anneau est une Demoiselle Bigot de Freulleville, fille d'une St-Léger et femme de l'auteur de la branche d'Ormois chez les Hennezel.

Un souvenir tragique fixe aussi le nom de St-Léger dans l'histoire locale : l'aîné de ceux qui le portaient à Vorges était, au moment de la Révolution, fiancé à une demoiselle d'Aumale. Il émigra avec son frère qui prit du service à l'armée de Condé, mais ne put résister au désir de revoir son amie, rentra en France et fut emprisonné à Laon en même temps qu'elle-même. Des gardes nationaux de Vorges, commis à sa garde, voulurent l'arracher à la mort à laquelle il venait d'être condamné, mais il lui répugna de nouveau tant de séparer son sort de celui de sa fiancée qu'il préféra le supplice et le subit. Mademoiselle d'Aumale y échappa d'ailleurs et se maria.

La même imprudence d'une rentrée d'émigration sous la Terreur, fit également livrer au bourreau de Laon un autre tout jeune gentilhomme, ami du précédent et fils de M. de Vassaux, Seigneur de Parfondru.

HENNEZEL

Famille de la Chevalerie Lorraine qui a poussé des rejetons en Laonnois et y fût appelée à siéger aux Assemblées de 1789 en la personne de MM. François-Albert de Hennezel, Capitaine au Régiment de Condé, Chevalier de Saint-Louis, dit le Chevalier de Hennezel, Seigneur en partie d'Origny-en-Thiérache ; — et Louis-Joseph de Hennezel d'Ormois, Chevalier, ancien Capitaine au Régiment de Condé et Chevalier de Saint-Louis.

Ces deux frères, dont le premier défaillant pour cause de service militaire, furent cités à l'Assemblée de la Noblesse, en même temps que M. de Hennezel, Chanoine de l'Eglise de Laon, l'était à celle du Clergé. Les armes de cette famille — *de gueules à trois glands montants d'argent, accompagnés en abîme d'un croissant du même,* — avaient été enregistrées à l'Armorial de Flandres, baillage d'Avesnes, en 1698.

Les preuves de Noblesse avaient été faites diverses fois, notamment en 1736 devant la

Chambre des Comptes de Lorraine sur production de titres remontant à 1392.

Dom Lelong, parlant du Seigneur d'Origny précité, dit que « sa famille est originaire de Bohême et la principale branche s'est établie au XIVe siècle en Lorraine » d'où elle s'est répandue successivement en Champagne, en Franche-Comté, en Nivernais, et d'autre part en Hainaut et de là dans ces pays ci.

Ces migrations tiennent à ce que cette famille pratiquait et répandait l'art de la verrerie, qu'elle avait sans doute apporté de Bohême. On la trouve ainsi alliée aux familles verrières les plus connues, du Houx, de Finance, de Thiétry, de Bonnay, de Bigault, etc. ; elle construisit entre autres dans notre voisinage les verreries d'Anor et les dirigea jusqu'à la Révolution, qui dispersa ses membres et ruina leurs établissements.

Aux époques où les diverses branches de Hennezel étaient florissantes, elles ont fourni nombre d'officiers des Ducs de Lorraine, puis de Chevaliers de Saint-Louis au service de France (1). Ses deux représentants

---

(1) Voir une Généalogie très complète, imprimée à Laon en 1902 par les soins du Vicomte de Hennezel d'Ormois.

dans la Noblesse du bailliage de Laon en 1789 se retrouvèrent à l'Armée des Princes avec un fils de dix-sept ans, déjà Officier au même régiment de Condé ; celui-ci prit par la suite du service en Allemagne, s'y maria et ne rentra en France qu'à la Restauration, qui reconnut sa fidélité par la qualification de Comte et le brevet de Chevalier du Lys. — Son père, le vieil officier de la guerre de sept ans, était mort à Vorges où il avait transporté la souche, (voir l'article St-Léger).

Un Lieutenant-Colonel de Cavalerie, un Inspecteur Général des Mines, ont marqué dans cette descendance depuis lors, reproduisant ainsi les deux traits caractéristiques de cette famille, le labeur des armes et celui de l'industrie.

DE SARS

Famille noble venue des Flandres, ayant formé souche en Laonnois à la fin du XVIIIe siècle, et représentée à l'Assemblée de la Noblesse du Vermandois en 1789 par M. Jean-Charles-Joseph-Hyacinthe de Sars, Chevalier de Saint-Louis, Lieutenant des Maréchaux de France à Laon, élu Commissaire de l'Assemblée.

Les armes de cette famille ont été enregistrées en 1696 à l'armorial général, registre de Valenciennes, pour MM. Jean-Alexandre-François de Sars, Écuyer, et Maximilien, également Seigneur du Sart *(sic)* : *d'or à une bande de gueules chargée de trois lionceaux d'argent*.

M. Hyacinthe de Sars était né lui-même à Valenciennes en 1733 et avait été fixé à Laon par son mariage avec la fille d'un Juge présidial de cette ville, M. Chevalier de Buzerolles, en 1771. Il avait produit au conseil de l'Élection à Laon en 1777 sa généalogie, remontant à Guillaume Barat, Seigneur de Sars, grand

Bailli de Hainaut en 1360. Il se peut qu'il n'ait pas été le premier de sa famille possessionné en Laonnois ; on trouve des Seigneurs du même nom, diversement orthographié, à Prémont en Cambrésis, au Câtelet, à Seboncourt, et même à Chaumont en Valois ; mais la différence totale des armes enregistrées, en même temps que celles ci-dessus, à Cambray, même pour les de Sars de Prémont, à Tournay pour les Seigneurs de Fervaque, et à Lille pour ceux du Hamage, rend difficile d'attribuer à toutes ces familles une origine commune qu'elles tireraient du Hainaut, comme dit ci-dessus (1).

Quoi qu'il en soit, le mariage de M. de Sars précité suffit à lui donner grandement droit de cité dans Laon, comme en témoigne la dévolution de la Mairie de cette ville, sous la Restauration, au fils qui naquit de cette union.

Une suite d'alliances avec des familles Laonnoises, comme les Dagneau de Richecour, les de Brauer, les Cizancourt, a complètement attaché les de Sars au pays Laonnois, où leur descendance habite Urcel et Nouvion-le-Vineux.

(1) V. Bulletin de la Société Académique de Laon, 1888.

NOTE. — La consonnance et l'analogie de fonctions tendrait à amener une confusion entre les deux Lieutenants des Maréchaux de France — Juges du point d'honneur entre Nobles — au moment de l'ouverture des États de 1789 : MM. de Sars précité et de Saignes. un fils du Comte de la Garde de Saigne et de N. de Turenne d'Aynac, originaire du diocèse de Tulle en Limousin, fut amené comme M. de Sars à Laon par la carrière, et y prit aussi femme en la personne de Demoiselle Le Carlier. Il avait d'un premier mariage un fils qui épousa Gabrielle de Bignicourt, et en eut deux filles mariées à MM. de Castries et O'Farell ; deux officiers qui émigrèrent en 1790.

LESPINAY

Noblesse ancienne du Comté de Clermont en Beauvoisis, que des mariages successifs dans les maisons de Caulaincourt, de Lens de Licques, et par celle-ci du Sart de Prémont, rapprochèrent du Laonnois, puis y fixèrent dans les Seigneuries de Marteville, de Lierval, de Colligis, de Chamouille, de Pancy, jusqu'à la Révolution. Elle fut représentée aux Assemblées de 1789 par M. Jacques-Ferdinand de L'Epinay de Lierval, Chevalier, Major de Cavalerie, Seigneur des lieux dits ci-dessus.

Les diverses branches de Lespinay existantes lors de la grande recherche du XVIIe siècle avaient fait en 1664, 67 et 70 leurs preuves de Noblesse, en remontant jusqu'à Pierre de Lespinay, Seigneur des Lorides, mari de Simonne de Caulières en 1420. Elles avaient fourni depuis nombre de Chevaliers de Saint-Louis, dont un Maréchal de Camp sous Louis XV et plusieurs Majors de Cavalerie, et avaient tenu des Seigneuries importantes : ainsi celle de Lierval ornait son possesseur du titre de Maréchal héréditaire du Laonnois, ou plus exactement du Duché de Laon, siège de l'une des six Pairies ecclésiastiques. Les Lespinay avaient succédé dans ce fief, comme dans les autres de la vallée de l'Ailette, aux Chambly, par acquisition ; ils s'y maintinrent au-delà même de la Révolution.

M. de Lespinay précité épousa Demoiselle Jeanne Rillart, fille du Seigneur de Versigny ; son frère, dit le Vicomte de Cerny, épousa Mademoiselle d'Y de Résigny. MM. Collin de Laminière qui sont issus de ce mariage à la deuxième génération, habitent encore aujourd'hui le château de Colligis. Quant au rameau qui habitait Pancy, puis Chamouille, il s'est éloigné du Laonnois. — La branche de Marteville est éteinte depuis longtemps.

Les armes de cette famille, qui sont *d'argent à trois losanges de gueules,* se voient encore sur plusieurs tombes dans l'église de Pancy.

NAZELLE

Du Cauzé de Nazelle est le nom d'une famille d'ancienne Noblesse, originaire de la Guienne et fixée en pays Laonnois par le mariage de Gérard de Nazelle, Capitaine de Cavalerie au Régiment de Montauban, avec Julie de Bezannes, fille de Charles, Vicomte de Prouvais et de Clairemonde Marquette. Cette famille était représentée à l'Assemblée de 1789 par Louis-Charles-Victor du Cauzé, Marquis de Nazelle, Chevalier de Saint-Louis, Lieutenant des Maréchaux de France ; et par Louis-Hérard-Victor, Comte de Nazelle, ancien Capitaine au Régiment du Roy, Chevalier de Saint-Louis, fils du précédent, qui fut Commissaire de l'Assemblée.

L'ancienneté et la distinction des services militaires de cette famille sont constatées à partir de 1480 dans des lettres royales de 1753, portant érection en Marquisat du nom même de Nazelle, des Seigneuries du bourg de Neufchâtel et des villages de Prouvay, Proviseux, Menneville, Pontgivart et Guignicourt en partie, en faveur du fils qui naquit de l'union rapportée plus haut. Un de ses frères, dit le Chevalier de Guignicourt, succéda par mariage avec Madeleine Feret à la Seigneurie de Brienne proche Neufchâtel ; leur descendance a conservé ces résidences et y a ajouté récemment celle de Festieux, provenant d'une autre branche des Bezannes, en qui s'éteignit le nom au siècle dernier.

La famille de Bezannes tire son nom d'un village de Champagne où elle florissait au XVe siècle ; elle acquit la Vicomté de Prouvais au siècle suivant par des alliances contractées chez les Bohan et chez les Miremont, s'allia ensuite aux familles laonnoises proprement dites, et se perpétua pendant trois siècles dans les mêmes Seigneuries tout en s'adonnant au métier des armes. Elle était représentée en 1789 par M. Charles-François de Bezannes, Chevalier, Vicomte de Vaurseine, ancien Officier au Régiment de la Reine-Cavalerie. — Chez les Bezannes comme chez les Nazelle on ne comptait pas les Capitaines de cavalerie, tant ils se succédaient. L'un de ces derniers, Jean-Charles du Causé de Nazelle, a rendu un service particulier à l'État en découvrant une conspiration contre sa sûreté tramée par le Chevalier de Rohan en 1674.

La Révolution même n'a pas interrompu cette continuité du grade de Capitaine de cavalerie chez les Marquis de Nazelle, non plus que celle de la résidence sur leur domaine de Guignicourt, où ils sont très considérés.

Les armes de Nazelle sont : *d'or, au lion de gueules, couronné de sinople ; à la fasce de sable chargée de trois molettes d'argent brochant sur le tout.*

Celles de Bezannes étaient : *d'azur, semé de besans d'or, au lion d'argent brochant sur le tout.* Elles ont été enregistrées ainsi pour les Seigneurs de Guignicourt et de Prouvais à l'Armorial général.

DUGLAS

Duglas ou du Glas est le nom d'une famille noble qui s'implanta de Bretagne en France par le mariage d'Olivier du Glas, Écuyer, Maître d'hostel de Marie de Luxembourg, Duchesse de Vendôme, avec Damoiselle Isabeau de Wignacourt, en 1530, et par la donation qu'il reçut à la même époque du Grand-Prieur d'Aquitaine de l'Ordre de Malte, Charles des Ursins, Seigneur de Neuville en Laonnois, qu'il avait servi auparavant ; donation consistant en les Seigneuries de Ployart et d'Arancy.

Il y fit souche, représentée aux Assemblées de 1789 en Vermandois par le Marquis de Bertoult d'Hautecloque, Chevalier, Seigneur d'Arancy et Ployart du fait de sa femme Julie Duglas, en qui devait s'éteindre le nom par sa mort, cinq ans après, sur l'échafaud révolutionnaire.

La tige française des Duglas se greffe sur celle de la puissante maison de Douglas en Écosse, comme en témoignent ses armes qui furent ainsi enregistrées en 1697 et 1701, pour Charles Duglas, Chevalier, Seigneur d'Arrancy et Jean Duglas, son fils et successeur: *d'azur à un château de trois tours pavillonnées d'argent, maçonné de sable, chargé d'un écusson de gueules à un cœur de gueules couronné à la royale d'or et un chef aussi de gueules chargé de trois étoiles d'argent.*

Mieux encore que ces armes légendaires, les hauts emplois que tinrent les Duglas du Laonnois, alors qu'ils étaient loin d'y être largement possessionnés, témoignent de ce que l'on tenait de leur illustre origine : des Députés aux États-généraux de Blois et à ceux du Vermandois, un Évêque Duc de Laon, des Gentilshommes de la Chambre du Roi, Chevaliers de son Ordre, des Chevaliers de Malte, un Colonel de régiment, nombre de Capitaines et d'Officiers supérieurs, notamment dans le Régiment du Roy, enfin de bonnes alliances, outre celle de Wignacourt : Moreuil, Coignet, Brouilly, Brodart, Vassan, etc... Ils avaient produit les titres de cinq races depuis 1530 lors de la recherche de 1667, et ont laissé trace des degrés supérieurs sur une pierre tombale sculptée, où sont représentés les pennons d'alliance. Cette pierre se voit encore en l'Église d'Arrancy, où fut leur dernière résidence et où sont conservés les papiers de famille.

La descendance de cette famille, éteinte tragiquement comme dit, au siècle dernier, se trouve encore sur les mêmes domaines de Ployart et d'Arrancy; elle s'est alliée aux familles de Miremont, de Maussion, de Saint-Vallier, de La-Tour-du-Pin Chambly, et occupe également en Artois les domaines héréditaires des Bertoult.

Cette dernière famille, qui siégeait pour sa terre d'Hautecloque aux États de la province d'Artois, avait fait enregistrer par le Conseil de ces États ses armes : *de gueules à la fasce d'or, accompagnée en chef de trois coquilles et en pointe d'un lion passant du même*. Elle avait été dotée du Marquisat d'Œufs en 1766 et fait des preuves pour l'Ordre de Malte en 1785. Elle a fourni au siècle suivant le dernier Chevalier de Saint-Louis, créé par le Roi Charles X, dans la lutte de 1830 contre l'insurrection, en la personne d'un Lieutenant de la Garde Royale, le Comte Louis de Bertoult d'Hautecloque.

CHAMBLY

L'une des familles que l'on retrouve le plus souvent dans les documents sur la maison des Rois Capétiens : Pierre de Laon et Pierre de Chambly son fils, Chambellans de France, figurent comme témoins au procès de canonisation de Saint-Louis qu'ils accompagnaient à la croisade. Leur descendance périt presque en entier sous les armes dans la guerre de Cent ans, comme on le voit au long des chroniques de ces tristes temps.

Elle reparaît pourtant dans le Laonnois dès 1440, en la personne de Pierre de Chambly, qui achète au Chapitre de Laon le domaine de Monthénaut ; il avait épousé Paquerette de Caulaincourt.

Cette alliance et d'autres non moindres, avec les du Sart, d'Anglebermer, Roucy, accrurent les possessions des Chambly dans le Laonnois, où ils bâtirent les châteaux de Pancy et de Bosmont ; l'héritière de ce dernier l'apporta en 1741 au Vicomte de la Charce, René de La-Tour-du-Pin, Brigadier des Armées du

Roi, à la condition confirmée au contrat par la signature du Roi, que le fils qui naîtrait de cette union releverait le nom et les armes de Chambly.

Cette famille, qui avait fait ses preuves en 1668 pour sept races depuis 1497 et plusieurs fois depuis pour Malte et les Écoles militaires, fut ainsi représentée aux Assemblées du Vermandois de 1789 par le Comte de La-Tour-du-Pin Chambly, Colonel des Grenadiers royaux de Bourgogne; il y joua un rôle prépondérant.

L'infatigable historien du Département de l'Aisne, Édouard Fleury, a mis ce rôle en relief dans ses études sur les Élections du baillage de Vermandois et sur la Noblesse du Département de l'Aisne pendant la Révolution. Il nous a conservé ainsi une protestation publique de M. de La-Tour-du-Pin contre les injures faites à la noblesse ; acte qui ne pouvait manquer de le désigner pour l'échafaud, mais qui est très intéressant pour l'histoire de cette noblesse par les noms du pays qui y sont cités (1).

Les armes de Chambly, auxquelles il est fait allusion dans cette lettre, sont *d'argent,*

---

(1) Bulletin de la Société Académique de Laon. Tome XVIII, et même publication : Tomes XXVII et XXVIII.

à la croix dentelée d'azur chargée de cinq fleurs de lys d'or, au premier canton chargé d'un écu de gueules à trois coquilles d'or ; cet écu se forma de celui primitif, caractérisé par les coquilles, auquel s'ajouta la croix, que Pierre Tristan reçût, à la suite de la bataille de Bouvines, où il avait, comme on le sait, couvert avec quelques chevaliers le Roi désarçonné dans la mêlée. Sa fille Marguerite apporta ce glorieux insigne, avec la succession à l'emploi de « chevalier du Roi », à Pierre de Chambly, comme on le voit à leur sceau conservé aux Archives nationales.

Ces armes, que l'on trouve encore gravées sur plusieurs pierres dans l'Église de Monthenault et dans celle de Pancy, ne figurent pas à l'Armorial général de 1698, où d'autres en furent attribuées d'office. Elles ont été rétablies par Melleville dans le supplément à son *Dictionnaire historique*, où il était d'abord tombé dans une confusion de noms avec les Mathé de Chambly, qui non plus que les Raffée ou les Bignicourt de Chambly n'ont pas de rapport avec la famille qui n'a d'autre nom patronymique que celui de Chambly.

APPENDICE

Extrait des *Études révolutionnaires* d'Ed. Fleury. « Livre II. La Noblesse du Département de l'Aisne pendant la Révolution ». — *Bulletin de la Société Académique de Laon.* Tome XVIII, pages 178 et suivantes :

Fragments de la protestation datée de Laon par le Comte DE LA-TOUR-DU-PIN CHAMBLY, *au nom de la Noblesse du baillage et parue le 29 Juillet 1790* dans la *Gazette de Paris.*

« Je ne croyais pas qu'il fut nécessaire de protester contre le coup de pied de l'âne ; mais puisque la véritable noblesse proteste contre le Décret du 19 juin, en qualité de premier rédacteur des cahiers de celle du Vermandois rassemblée à Laon le 16 mars 1789, et pour suppléer au silence de MM. de Miremont, de Quesmy et des Fossés, nos députés, sans crainte d'être démenti par aucun noble d'origine militaire, je proteste en mon nom et au nom de ces anciens preux qui élevèrent notre premier roi sur un bouclier, qui depuis ont sacrifié leur fortune et leur vie pour empêcher que la monarchie française ne devint une province anglaise. Je proteste, dis-je, contre le décret du 19 juin (1) ; je le déclare non-seulement anti-constitutionnel, anti-monarchique, mais même ridiculement contradictoire avec ceux rendus sur les fiefs, les propriétés, les principes de la monarchie.

. . . .

Les Fay, les Chambry, les Flavigny, les Béthune, les Pleineselve, les Proisy, les Villelongue, les Signier, les Wignacourt et quatre cents autres gentilshommes du pays pensent comme moi : c'est tous ensemble que nous adhérons aux protestations que vous avez déjà reçues, Messieurs, et qui ont été, contre le premier principe des droits de l'homme, refusées à l'Assemblée constituante.

. . . .

Nous saurons toujours honorer et respecter le mérite dans quelque classe qu'il se rencontrera, distinguer nos égaux, protéger les malheureux, aimer le véritable peuple français ; et malgré même son aveuglement et son ingratitude, nous mourrons avec joie et empressement ou pour le défendre, ou pour son bonheur ou pour sa gloire. »

(1) Abolissant les privilèges honorifiques ; — les privilèges « utiles » avaient été renoncés dans la nuit du 4 août de l'année précédente.

Cette pièce peut être considérée comme le testament politique de la Noblesse militaire du Laonnois. Elle se résume dans une devise qu'elle porta à l'armée de Condé (1) :

Pour mon Dieu, mon Roi et ma Patrie.

---

(1) Plaque de ceinturon conservée dans la famille de Hennezel.

TABLE DES NOMS

de Familles citées. (*)

---

d'Ambly. 2. 20.
d'Anglebermer. 53.
d'Anglures. 4.
d'Argy. 24.
d'Athies. 2.
Arnoult de la Salle. 18.
d'Arras. 19.
d'Aspremont. 5. 29.
d'Aumale. 37. 38.
Bachelier d'Yanville. 10.
Bellotte. 36.
de Belsunce. 17.
de Bertoult. 5. 50. **52.**
de Béthune. 3. **12.** 57.
de Bezannes. 24. 47. 48. **49.**
de Biencourt. 10.
de Bigault. 40.
de Bignicourt. 44. 55.
Bigot de Freulleville. 37.
de Blois. 1. 8.
de Bohan. 48.

(*) Les caractères gras indiquent les familles dont les armes sont décrites.

de Bonnay. 40.
de Bossut. 5.
de la Bôve. 2.
de Braüer. 43.
de Brodart. 51.
de Rrouilly. 51.
de Bussy. 31.
de Castries. 44.
de Caulaincourt. 45. 53.
de Caulières. 45.
de Chambly. 25. 34. **53**.
Charpentier de Beauvillé. 30.
du Chatelet. 29.
de Chatillon. 15. 25.
de la Chaussée. 10.
de Chauvenet. 10. 11.
Chevalier de Buzerolles. 19. 42.
de Cizancourt. 43.
de Coignet. 51.
Collin de Laminière. 46.
de Coucy-Vervins. 2.
de Crécy. 25.
de Creil. 34.
de Créquy. 2.
Dagneau de Richecour. 43.
du Glas. 16. 22. **50**.
Dujon. 31.
Dulaulois. 27.
d'Escannevelles. 4.
d'Estourmel. 2.
de Fariaux. 34.

de **Fay. 1.** 5. 8. 10. 12. 22. 25. 57.
du Fayot de la Maisonneuve. 30.
de Feret. 48.
de Finance. 40.
de **Flavigny. 7.** 22. 34. 57.
des **Fossez. 25.** 56.
de Guillebon. 5.
d'Harzillemont. 25.
de **Hédouville.** 8. 9. **33.**
de **Hennezel.** 37. **39.** 58.
du Houx. 40.
d'Imécourt. 13.
de La Fons. 29.
de La Mer. 34.
de La Noue. 11.
de La Panouse. 11.
de La-Tour-du-Pin. 11. 52. 53. 54. 56.
Le Carlier. 11. 44.
Le Clerc. 18.
de Lens de Licques. 45.
Le Prestre. 31.
Lespagnol. 29.
de **Lespinay.** 29. 30. **45.**
Levasseur. 31.
de Lignières. 29.
de Loyauté. 31.
de Machaut. 2.
de **Macquerel. 10.** 25. 29. 56. 57.
Marquette. 47.
de Maussion. 52.
de Merelessart. 29.

de Miremont. **4**. 32. 48. 52. 56.
DE MONCEAUX. 25.
DE MONTANGON. 5.
DE MONTESQUIOU-FEZENSAC. 8.
de Moreuil. **2**. 51.
de Nazelle. **47**.
DE NESLE. 2.
DE NOAILLES. 17.
de Noue. 2. **23**.
de Novion. **31**.
O'FARELL. 44.
DU PASSAGE. 11.
FÉTRÉ. 22.
de Proisy. 2. **15**. 57.
RAFFÉE. 55.
DE RÉCOURT. 19.
RILLART DE VERNEUIL. 29. 37. 46.
DE LA ROCHEFOUCAULT. 12.
DE ROGRES. 29.
DE RONTY. 24.
DE ROQUEFEUIL. 9.
DE ROUCY. 13. 14. 53.
DE ROUVROY-SAINT-SIMON. 34.
DE SAINT-BLAIZE. 5.
DE SAINTE-ALDEGONDE. 13.
de Saint-Léger. **36**. 41.
DE SAINT-VALLIER. 51.
de Sars. **42**.
DU SART. 10. 45. 53.
DE SACQUESPÉE. 2.
de Saveuse. **13**.

de Signier. 18. 57.
DE SONS. 25.
DE THIÉTRY. 40.
DE TILLOY. 4.
DE TURENNE D'AYNAC. 44.
DES URSINS. 50.
DE VASSAN. 51.
DE VASSAUX. 38.
DES VIEUX. 9.
de Villelongue. 20. 57.
DE WARLUZEL. 2.
DE WIGNACOURT. 50. 51. 57.
DE WITASSE. 29.
d'Y de Résigny. 3. 11. 28. 46.

LAON. — Imprimerie du *Journal de l'Aisne.*

www.ingramcontent.com/pod-product-compliance
Lightning Source LLC
LaVergne TN
LVHW051455090426
835512LV00010B/2156